La fenomenal AOC

LAS RAÍCES Y EL ASCENSO DE ALEXANDRIA OCASIO-CORTEZ

Para las fuerzas fenomenales que son mis hijas, Sofía, Isabel y Esmé.
—A.A.D.

Para Sam, Mamá, y Papá.
—L.L.

La fenomenal AOC: Las raíces y el ascenso de Alexandria Ocasio-Cortez • Copyright del texto © 2022 de Anika Aldamuy Denise • Spanish translation copyright © 2023 by HarperCollins Publishers • Copyright de las ilustraciones © 2022 de Loris Lora, representada por Heflinreps. Inc. • Reservados todos los derechos. Impreso en Italia. No se permite la reproducción total o parcial de este libro, ni su almacenamiento en un sistema informático, ni su transmisión en cualquier forma por cualquier medio electrónico, mecánico, fotocopia u otros métodos, sin el permiso por escrito del editor, excepto en el caso de breves comentarios incluidos en artículos, reseñas o críticas. Para más información, diríjanse a HarperCollins Children's Books, una división de HarperCollins Publishers, 195 Broadway, New York, NY 10007. www.harpercollinschildrens.com. • ISBN 978-0-06-331952-3 • El ilustrador utilizó texturas escaneadas y Adobe Photoshop para la elaboración de las ilustraciones digitales de este libro. • Tipografía creación de Chelsea C. Donaldson y Caitlin E. D. Stamper. • 23 24 25 26 27 RTLO 10 9 8 7 6 5 4 3 2 1

escrito por **ANIKA ALDAMUY DENISE**   ilustrado por **LORIS LORA**

La fenomenal AOC

LAS RAÍCES Y EL ASCENSO DE ALEXANDRIA OCASIO-CORTEZ

traducido por **ADRIANA DOMÍNGUEZ**

HarperCollins *Español*
Un sello de HarperCollinsPublishers

El 3 de enero de 2019, vestida de traje blanco (el color de las sufragistas), aretes de oro (un guiño a sus raíces en el Bronx) y lápiz labial rojo (una alusión a su latinidad), Alexandria Ocasio-Cortez se convirtió en la mujer más joven en llegar al Congreso en *toda* su historia.

Con sus veintinueve años, su sorprendente ascenso al poder impactó al sistema e hizo añicos el *statu quo*.

¿Cómo fue capaz una joven boricua de exceder
todas las expectativas para convertirse en una
fuerza fenomenal en la política?
Su historia comienza donde *todo* comenzó para ella:

en el llamado "Boogie Down" Bronx, cuna del hip hop, el condado de la salsa, la corona norteña de la Ciudad de Nueva York.

En 1989, nació una niña llamada Alexandria en el barrio de clase trabajadora Parkchester, hija de Sergio Ocasio y Blanca Cortez.

Sus padres la llamaban "Sandy".

Luego llegó Gabriel, el hermano menor de Sandy.

La vida de Sergio y Blanca no era
fácil mientras criaban a su familia
y luchaban para llegar a fin de mes.
Pero ellos conocían el valor de trabajar
en y *para* su comunidad.

TRANSITO

Orgullosos e ingeniosos,
trabajadores y optimistas, la
familia era siempre su prioridad.

Cuando Sandy tenía cinco años, su papá decidió
mudar a la familia a Yorktown Heights,
un suburbio tranquilo con mejores escuelas
donde sus hijos podrían prosperar.

Ese era el plan.
Ese era el sueño.
Pero ¿la realidad?

Es sol no brillaba siempre en los suburbios.
Sus habitantes se hallaban divididos.
Sandy lo notó y lo sintió.

Bienes raíces

En la escuela, sus maestras a veces la desanimaban.
No creían que una niña de tez oscura nacida en el Bronx
pudiera llegar a ser la primera de la clase en lectura,
matemáticas y ciencias.

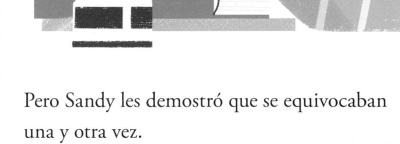

Pero Sandy les demostró que se equivocaban
una y otra vez.
¿Por qué la subestimaban?

La respuesta se hallaba a lo largo de la autopista Bronx River Parkway, que dejaba atrás las inmaculadas casas con sus cercas de madera para adentrarse en ajetreadas avenidas bordeadas por edificios de ladrillo. Cuando transitaba entre esos dos mundos, Sandy presenciaba la brecha que existía entre los barrios de la clase trabajadora y los de la clase rica.

Parkchester

Yorktown no era un sitio mejor que Parkchester, solo tenía más *recursos*. Esta inequidad despertó en Sandy una chispa de entusiasmo por el activismo que luego se convirtió en ardor.

Los padres de Sandy habían sacrificado
y ahorrado para poder ofrecerle una
oportunidad y ella *no* la iba a desperdiciar.

UNIVERSIDAD DE SANDY

Se inscribió en el curso preparatorio de ingreso a la medicina
de la Universidad de Boston y luego hizo un programa
de estudio en el extranjero en Níger, donde ayudó a cuidar
a mujeres embarazadas en comunidades afectadas por el hambre.

Durante su segundo año de universidad,
Sandy recibió una llamada telefónica que
ninguna hija desearía recibir.
Papi estaba enfermo.
Su condición había empeorado.
"Hazme sentir orgulloso" fueron las últimas
palabras que Sergio le dijo a Sandy.

La pérdida de su padre y su experiencia en el programa de estudio en el extranjero abrieron los ojos de Sandy a la profunda conexión que existe entre el lugar de nacimiento de las personas y su destino.

Cambió su carrera a economía y relaciones internacionales, y se recibió con honores.

Como era la mejor estudiante de su clase, Sandy podría haber obtenido un trabajo en cualquier sitio.

Pero la pérdida de Sergio había dejado a su mamá
y a su hermano en apuros.

Así que volvió a
Nueva York, al Bronx,
a ayudarlos a salir
adelante y a sanar.

Limpió casas con Mami. Luego tomó un puesto
de cantinera y camarera. Trabajar en Flats Fix
le sirvió como clase magistral en el empleo
de trabajadores de bajos ingresos e inmigrantes,
y sobre el trato a las mujeres en los lugares de trabajo.
Como siempre, Sandy fue en una excelente estudiante.

También era activista.

Hizo campaña por candidatos progresistas y aprendió que
el cambio se llevaba a cabo cuando la gente se organizaba
para efectuarlo. Caminando mucho y tocando puertas.
Haciendo presencia y *levantando la voz* por su comunidad.

En el 2016, cuando Sandy tuvo la oportunidad de ir a la reserva Standing Rock para reunirse con más de trescientas tribus indígenas que protestaban contra el oleoducto Dakota Access Pipeline, notó el potencial que tiene la gente joven cuando los vio reunidos por la justicia climática y la protección de las tierras indígenas. En ese momento, Sandy supo que ella también podría alzar la voz para efectuar un cambio. Pero ¿cómo?

¡Nuevo Congreso!

El Nuevo Congreso necesitaba un candidato que pudiera representar al Bronx y a Queens. El hermano de Sandy, Gabriel, nominó a su hermana mayor para la boleta electoral.

¿La misión del Nuevo Congreso?

Asegurarse de que el gobierno funcionara para todos los estadounidenses.

Para todos, desde los de Parkchester a los de Standing Rock.

Cuando el Nuevo Congreso acudió a ella, Alexandria Ocasio-Cortez, la graduada universitaria con honores, cantinera, organizadora, activista y orgullosa hija puertorriqueña del Bronx contestó con un rotundo SÍ.

Pero como en el caso de los Protectores del Agua que protestaban contra el oleoducto, para obtener la victoria, se tendría que crear un movimiento político comunitario. Para vencer a su potente adversario, Joseph Crowley, la candidata Alexandria Ocasio-Cortez tendría que construir una coalición de *gente*, no de políticos; de los que efectúan cambios, no de corporaciones que lo toman todo; de inmigrantes y soñadores que luchan por la justicia, la equidad y la dignidad.

Así que Alexandria se puso a trabajar.
Tocaba puertas durante el día.
Trabajaba de cantinera por las noches.
Jamás le ganará a él, pensaron muchos.
Al ser joven, inteligente y bien enterada,
utilizó el poder de las redes sociales
para difundir su mensaje.

"Cada día se hace más difícil para que las familias trabajadoras salgan adelante", dijo Alexandria. "Los alquileres siguen subiendo, el seguro médico cubre cada vez menos y nuestros ingresos siguen siendo los mismos . . . Merecemos a alguien que luche por nosotros. Es hora de luchar por un Nueva York que esté al alcance de las familias trabajadoras".

ALEXANDRIA OCASIO-CORTEZ
QUEENS, NUEVA YORK

El 26 de junio de 2018, cuando se contaron los votos de las primarias, Alexandra Ocasio-Cortez obtuvo una victoria contundente. Aplastó a Crowley, quien habían mantenido el poder por diez períodos y era el presunto heredero de una poderosa maquinaria política. "Enfrentamos una maquinaria con un movimiento", dijo Alexandria. Ese fue el día en que nació el fenómeno AOC.

En Washington D.C., donde pronto ascendería las escaleras del Capitolio como la congresista más joven de la historia, Alexandria recordó cuando metió las puntas de los pies en el espejo de agua frente al Monumento a Washington durante un viaje con su papá, muchos años atrás. "Este es nuestro gobierno. Nos pertenece a nosotros", le había dicho Sergio.

Su labor recién comenzaba, pero algo era seguro:
Sergio Ocasio tenía razón; el gobierno de Estados
Unidos pertenece a *todos* sus habitantes, sin importar
su raza, sus creencias, sus bienes, o su código postal.
Y Alexandria lo había hecho sentir orgulloso.

"LA JUSTICIA ES ASEGURARSE DE QUE SER RESPETUOSO NO SIGNIFIQUE CALLAR. EN REALIDAD, A MENUDO, LO MÁS HONRADO QUE PODEMOS HACER ES ALTERAR LAS NORMAS". —AOC

Con solo veintinueve años, Alexandria Ocasio-Cortez se lanzó hacia el escenario mundial con un mensaje y estilo propio feroz, audaz y directo, cuestionando creencias sobre cómo las mujeres jóvenes en la política (sobre todo las mujeres de color), deben comportarse.

En sus emblemáticos trajes, con su lápiz labial rojo y aretes de oro, ella continúa afirmando quién es y de dónde viene. Sí, es una boricua del Bronx. Sí, trabajó de mesera. Sí, es inteligente. Sí, encara el poder con la verdad. Y todo lo hace con firmeza y convicción.

Ya sea aplastando a críticos en Twitter, dando clases de cocina mientras explica políticas gubernamentales en Instagram o fulminando el *statu quo* en la Cámara de Representantes, no hay duda de que AOC ha cambiado la forma de hacer las cosas al llevar su liderazgo auténtico y resuelto al Congreso.

Así que para todos ustedes que desean un cambio, que quieren alterar las normas al estilo AOC, aquí les comparto cinco inspiradoras lecciones sacadas directamente del manual de estrategias de Alexandra Ocasio-Cortez.

LECCIÓN N.º 1: BAILA A TU PROPIO RITMO

¿Cómo puedes ganarles a los acosadores en su propio juego? ¡Desármalos con ALEGRÍA! Cuando trols de las redes sociales intentaron avergonzar a AOC al subir un video de ella bailando en la universidad, AOC tuiteó su propio video bailando en la puerta de su oficina en el Congreso.

"¡Esperen a que ellos se enteren de que las congresistas también bailan!" —AOC

LECCIÓN N.º 2: APOYA A TU ESCUADRÓN

Las reformistas saben que tener amigas que las valoran y las apoyan es la *clave* del éxito. Apodadas "el escuadrón", las congresistas Alexandria Ocasio-Cortez de Nueva York, Ilhan Omar de Minnesota, Rashida Tlaib de Michigan y Ayanna Pressley de Massachusetts (todas mujeres de color) han formado una poderosa hermandad.

"(Esta) amistad . . . no es una alianza política cualquiera. Es un vínculo humano muy profundo e incondicional". —AOC

LECCIÓN N.º 3: MANTÉN LA CALMA Y LLEGA PREPARADA

Observar a la congresista Ocasio-Cortez llevar a cabo su magia en la Cámara de Representantes es una clase magistral en cómo mantener la calma y llegar preparada. Ella siempre investiga los temas a discutir y sabe qué debe decir y *cómo* decirlo. Clips de AOC dando sus agitadores discursos o interrogando a testigos bruscamente durante sesiones del Congreso se hallan entre los videos políticos más vistos de toda la historia.

"La gente tiende a asumir que no llegaré suficientemente preparada, que no seré suficientemente inteligente o capaz en mi labor . . . Lo bueno es que tener que cumplir con expectativas mayores te fuerza a hacerlo". —AOC

LECCIÓN N.º 4: NUESTRO PLANETA ES LA MAYOR PRIORIDAD

AOC comprendió la urgencia de la crisis climática aún *antes* de llegar al Congreso. Una vez que ganó las elecciones, tomó acción inmediata y redactó el borrador del "Green New Deal", un plan para reducir las emisiones de gases con efecto invernadero, construir infraestructura sostenible y crear nuevas oportunidades de empleo.

"El Green New Deal es la legislación de las comunidades indígenas de Estados Unidos . . . de los residentes de Flint. El Green New Deal pertenece a la gente de Puerto Rico . . . a los mineros de carbón de Virginia Occidental. Pertenece a las víctimas de los incendios forestales de California. Cuando nos enfocamos en nuestras comunidades y les permitimos que nos guíen, todo es posible". —AOC

LECCIÓN N.º 5: ¡EL FUTURO ES LA JUVEN(TÚ)D!

Así es, ¡TÚ! Al convertirse en la congresista más joven de Estados Unidos, Alexandria Ocasio-Cortez es un electrizante ejemplo de cómo los jóvenes están utilizando su fuerza para efectuar un cambio global. Jóvenes desde Boise al Bronx se están uniendo a movimientos de otra gente joven con el fin de conseguir un mundo más justo, equitativo y sostenible.

"No creo que escaseen los obstáculos frente a nosotros, pero tampoco creo que dejamos de hacer cosas porque son difíciles. En realidad, a veces las cosas más difíciles son las que más valen la pena". —AOC

APRENDE MÁS SOBRE MOVIMIENTOS DIRIJIDOS POR JÓVENES

Acción climática
Movimiento Amanecer: *https://www.sunrisemovement.org/es/*

Justicia y dignidad para los inmigrantes
United We Dream: *www.unitedwedream.org*

Prevención sensible de actos de violencia por armas de fuego
March for Our Lives: *www.marchforourlives.com*

EL LENGUAJE DE LO POSIBLE

NUEVO CONGRESO: El Nuevo Congreso recluta a maestros, enfermeros, activistas y obreros para presentarse como candidatos. Su misión es crear un Congreso que trabaje por el bien de todas las personas.

CANDIDATO: Persona que se presenta a una elección.

HACER CAMPAÑA: Intentar obtener el apoyo por un candidato o una causa política tocando puertas para hablar con los votantes de una comunidad.

CONGRESO: La Constitución de Estados Unidos divide el gobierno en tres ramas: la ejecutiva, la legislativa y la judicial. El Congreso es la rama *legislativa*, o la que crea las leyes. El Congreso está compuesto de la Cámara de Representantes y el Senado. Cada uno de los cincuenta estados tiene representantes tanto en la Cámara como en el Senado.

CONGRESISTA: Miembro de la Cámara de Representantes de Estados Unidos.

OLEODUCTO DAKOTA ACCESS PIPELINE (DAPL POR SUS SIGLAS EN INGLÉS): Un oleoducto que transporta petróleo crudo y se extiende a través de Dakota del Norte, Dakota del Sur, Iowa e Illinois, atravesando comunidades, granjas, tierras indígenas, zonas naturales sensibles y hábitats de vida salvaje. La construcción del DAPL provocó un movimiento guiado por activistas indígenas, llamados los Protectores del Agua, quienes protestaron contra la violación de sus tierras y aguas sagradas.

MOVIMIENTO POLÍTICO COMUNITARIO: Un movimiento político organizado por personas en una comunidad, en vez de por personas que tienen posiciones tradicionales de poder. Algunos ejemplos de sus actividades comunitarias son tocar puertas, circular peticiones, solicitar pequeñas donaciones, hacer campañas por mensajes de texto y organizar demonstraciones o protestas.

PRIMARIA: Una elección preliminar para decidir los candidatos de cada partido político antes de las elecciones generales.

PROGRESISTA: Una persona que se identifica con el sector progresista del partido Demócrata. Los progresistas piden más igualdad económica y social y creen que el gobierno debe servir para ayudar a todos.

STANDING ROCK: La reserva indígena Standing Rock Sioux está situada en Dakota del Norte y Dakota del Sur. Los habitantes de Standing Rock, frecuentemente llamados sioux, son miembros de las naciones de los dakota y los lakota.

SUFRAGISTAS: Mujeres que participaron en el movimiento por el sufragio femenino, una lucha que duró décadas para lograr que las mujeres de Estados Unidos obtuvieran el derecho a votar. Para señalar que formaban parte del movimiento, las sufragistas siempre asistían a eventos públicos vestidas de blanco.

TRABAJADOR ASALARIADO: Una persona que trabaja a cambio de un salario por hora, no un salario fijo. Ejemplos de empleos asalariados son empleados de mostrador, camareros y cocineros, conserjes, personal de limpiezas y cuidadores de niños.

SELECCIÓN DE FUENTES DE INFORMACIÓN

Alter, Charlotte. "'Change Is Closer Than We Think.' Inside Alexandria Ocasio-Cortez's Unlikely Rise." *Time*, March 21, 2019.

Cadigan, Hillary. "Alexandria Ocasio-Cortez Learned Her Most Important Lessons from Restaurants." *Bon Appétit*, November 7, 2018.

Elizabeth, De. "Rep. Alexandria Ocasio-Cortez Speaks at 2019 Women's March in New York City." *Teen Vogue*, January 19, 2019.

Fadulu, Lola. "Alexandria Ocasio-Cortez's Next Big Effort: Tackling Poverty." *New York Times*, September 25, 2019.

Herrera, Allison. "Standing Rock activists: 'Don't call us protesters. We're water protectors.'" The World, October 31, 2016.

Read, Bridget. "36 Hours with Alexandria Ocasio-Cortez." *Vogue*, June 28, 2019.

Remnick, David. "Left Wing of the Possible." *New Yorker*, July 23, 2018.